VAUBAN.

H. Rigaud pinxt   C. Hullmandel del. Lithog.

DE L'IMPORTANCE

DONT

PARIS EST À LA FRANCE

ET LE SOIN QUE L'ON DOIT PRENDRE DE SA CONSERVATION.

MÉMOIRE INÉDIT

DU

MARÉCHAL DE VAUBAN,

faisant partie d'un ouvrage manuscrit de cet homme célèbre,
intitulé:

OISIVETÉS,

PRÉCÉDÉ DE L'ÉLOGE DU MARÉCHAL DE VAUBAN

PAR M. DE FONTENELLE.

S'il étoit possible que les idées qu'il y propose
s'exécutassent, ses Oisivetés seroient plus
utiles que tous ses travaux.

FONTENELLE, *Eloge*, p. 11.

AVEC PORTRAIT ET DEUX PLANCHES LITHOGRAPHIÉES.

A PARIS,

Chez MM. TREUTTEL et WÜRTZ, RUE DE BOURBON, no. 17;
A STRASBOURG A LA MÊME MAISON DE COMMERCE;

A LONDRES,

Chez TREUTTEL et WÜRTZ, TREUTTEL fils et RICHTER,
30, SOHO SQUARE.

MDCCCXXI.

Londres, Imprimé par G. Schulze,
13, Poland Street.

AVIS.

Le Mémoire du Maréchal de Vauban de *l'Importance de Paris à la France*, faisant partie d'un ouvrage inédit, intitulé : *Oisivetés*, en 12 vols. in-folio, a paru à plusieurs militaires, auxquels nous l'avions communiqué, d'autant plus intéressant et convenable à la publication, que dans des temps modernes la question, " Si l'on devoit et même si l'on pouvoit fortifier la capitale de la France ?" a été prise plusieurs fois en considération et discutée.

Sous ce point de vue ce Mémoire peut être regardé comme un fragment précieux, servant de supplément aux *Oeuvres militaires de Vauban*, et comme tel nous le soumettons sans notes ou changemens quelconques à la méditation des hommes d'Etat et militaires français. Il paroît ici précédé de l'Eloge de Vauban par M. de Fontenelle, et par la mention expresse de ce Manuscrit dans l'Eloge, celui-ci sert pour ainsi dire de garant de son authenticité.

Si ce Mémoire est accueilli avec cet intérêt qu'il semble mériter, quand même il resteroit pour toujours inexécuté et simplement projet, nous pourrions peut-être lui faire suivre plusieurs autres Mémoires inédits de Vauban embrassant des objets civils et militaires, et qui prouveroient de plus en plus que rien ne fut étranger à cet homme célèbre de ce qui pouvoit contribuer soit au bonheur, soit à la gloire de sa patrie.

LES ÉDITEURS.

ÉLOGE

DE

M. LE MARÉCHAL

DE VAUBAN.

Sébastien le Prêtre, chevalier, seigneur de Vauban, maréchal de France, chevalier des ordres du roi, commissaire général des fortifications, grand-croix de l'ordre de S. Louis, et gouverneur de la citadelle de Lille, naquit le premier jour de mai 1633, d'Urbain le Prêtre, et d'Aimée de Carmagnol.

Son père, qui n'étoit qu'un cadet, et qui de plus s'étoit ruiné dans le service, ne lui laissa qu'une bonne éducation et un mousquet. A l'âge de dix-sept ans, c'est-à-dire en 1651, il entra dans le régiment de Condé, compagnie d'Arcenai. Alors feu M. le prince étoit dans le parti des Espagnols.

Les premieres places fortifiées qu'il vit le firent ingénieur, par l'envie qu'elles lui donnerent de le devenir. Il se mit à étudier avec ardeur la géométrie, et principalement la trigonométrie, et le toisé; et dès l'an 1632 il fut employé aux fortifications de

B

Clermont en Lorraine. La même année, il servit au premier siége de Sainte-Menehould, où il fit quelques logemens, et passa une riviere à la nage sous le feu des ennemis pendant l'assaut, action qui lui attira de ses supérieurs beaucoup de louanges et de caresses.

En 1653, il fut pris par un parti françois. M. le cardinal Mazarin le crut digne dès-lors qu'il tâchât de l'engager au service du roi, et il n'eût pas de peine à réussir avec un homme, né le plus fidèle sujet du monde. En cette même année, M. de Vauban servit d'ingénieur en second sous le chevalier de Clerville, au second siége de Sainte-Menehould, qui fut reprise par le roi, et ensuite il fut chargé du soin de faire réparer les fortifications de la place.

Dans les années suivantes, il fit les fonctions d'ingénieur aux siéges de Stenai, de Clermont, de Landrecy, de Condé, de Saint-Guilain, de Valenciennes. Il fut dangereusement blessé à Stenai et à Valenciennes, et n'en servit presque pas moins. Il reçut encore trois blessures au siége de Montmedi en 1657 ; et comme la gazette en parla, on apprit dans son pays ce qu'il étoit devenu, car depuis six ans qu'il en étoit parti, il n'y étoit point retourné, et n'y avoit écrit à personne, et ce fut là la seule manière dont il y donna de ses nouvelles.

M. le maréchal de la Ferté, sous qui il servoit alors, et qui l'année précédente lui avoit fait présent d'une compagnie dans son régiment, lui en donna encore une dans un autre régiment, pour lui tenir lieu de pension, et lui prédit hautement que si la guerre pouvoit l'épargner, il parviendroit aux premieres dignités.

En 1658, il conduisit en chef les attaques des siéges de Gravelines, d'Ypres, et d'Oudenarde. M. le cardinal Mazarin, qui n'accordoit pas les gratifications sans sujet, lui en donna une assez honnête, et l'accompagna de louanges, qui, selon le caractere de M. de Vauban, le payerent beaucoup mieux.

Il nous suffit d'avoir représenté avec quelque détail ces premiers commencemens, plus remarquables que le reste dans une vie illustre, quand la vertu, dénuée de tout secours étranger, a eu besoin de se faire jour à elle-même. Désormais M. de Vauban est connu, et son histoire devient une partie de l'histoire de France.

Après la paix des Pyrénées, il fut occupé ou à démolir des places, ou à en construire. Il avoit déjà quantité d'idées nouvelles sur l'art de fortifier, peu connu jusques-là. Ceux qui l'avoient pratiqué, ou qui en avoient écrit, s'étoient attachés servilement à certaines regles établies, quoique peu fondées, et à des especes de superstitions, qui dominent toujours long-temps en chaque genre, et ne disparoissent qu'à l'arrivée de quelque génie supérieur. D'ailleurs, ils n'avoient point vu de siéges, ou n'en avoient pas assez vu ; leurs méthodes de fortifier n'étoient tournées que par rapport à certains cas particuliers qu'ils connoissoient,

et ne s'étendoient point à tout le reste. M. de
Vauban avoit déjà, beaucoup vu et avec de bons
yeux ; il augmentoit sans cesse son expérience par
la lecture de tout ce qui avoit été écrit sur la guerre
il sentoit en lui ce qui produit les heureuses nou-
veautés, ou plutôt ce qui force à les produire, et
enfin il osa se déclarer inventeur dans une matiere
si périlleuse, et le fut toujours jusqu'à la fin. Nous
n'entrerons point dans le détail de ce qu'il inventa,
il seroit trop long, et toutes les places fortes du
royaume doivent nous l'épargner.

Quand la guerre recommença en 1667, il eut
la principale conduite des siéges, que le roi fit en
personne. S. M. voulut bien faire voir qu'il étoit
de sa prudence de s'en assurer ainsi le succès. Il
reçut au siége de Douai un coup de mousquet à la
joue, dont il a toujours porté la marque. Après
le siége de Lille, qu'il prit sous les ordres du roi
en neuf jours de tranchée ouverte, il eut une gra-
tification considérable, beaucoup plus nécessaire
pour contenter l'inclination du maître, que celle
du sujet. Il en a reçu encore en différentes occasions un grand nombre, et toujours plus fortes ;
mais pour mieux entrer dans son caractere, nous
ne parlerons plus de ces sortes de récompenses, qui
n'en étoient presque pas pour lui.

Il fut occupé, en 1668, à faire des projets de fortifications pour les places de la Franche-Comté, de
Flandre et d'Artois. Le roi lui donna le gouvernement de la citadelle de Lille, qu'il venoit de

construire, et ce fut le premier gouvernement de cette nature en France. Il ne l'avoit point de--mandé, et il importe et à la gloire du roi et à la sienne, que l'on sache que de toutes les grâces qu'il a jamais reçues, il n'en a demandé aucune, à la réserve de celles qui n'étoient pas pour lui. Il est vrai que le nombre en a été si grand, qu'elles épuisoient le droit qu'il avoit de demander.

La paix d'Aix-la-Chapelle étant faite, il n'en fut pas moins occupé, il fortifia des places en Flandre, en Artois, en Provence, en Roussillon, ou du moins, fit des dessins, qui ont été depuis exécutés. Il alla même en Piémont avec M. de Louvois, et donna à M. le duc de Savoie des dessins pour Verue, Verceil et Turin. A son départ, S. A. R. lui fit présent de son portrait enrichi de diamans. Il est le seul homme de guerre pour qui la paix ait toujours été aussi laborieuse que la guerre même.

Quoique son emploi ne l'engageât qu'à travailler à la sûreté des frontieres, son amour pour le bien public lui faisoit porter ses vues sur les moyens d'augmenter le bonheur du dedans du royaume. Dans tous ses voyages il avoit une curiosité, dont ceux qui sont en place ne sont communément que trop exempts. Il s'informoit avec soin de la valeur des terres, de ce qu'elles rapportoient, de la maniere de les cultiver, des facultés des paysans, de leur nombre, de ce qui faisoit leur nourriture ordinaire, de ce que leur pouvoit valoir en un jour le travail de leurs mains ; détails méprisables et abjects en apparence, et qui appartiennent cependant au grand art de gouverner. Il s'occupoit ensuite à imaginer ce qui auroit pu rendre le pays meilleur, des grands chemins, des ponts, des navigations nouvelles ; projets dont il n'étoit pas possible qu'il espérât une entiere exécution ; especes de songes, si l'on veut, mais qui du moins, comme la plupart des véritables songes, marquoient l'inclination dominante. Je sais tel intendant de province, qu'il ne connoissoit point, et à qui il a écrit pour le remercier d'un nouvel établissement utile, qu'il avoit vu en voyageant dans son département. Il devenoit le débiteur particulier de quiconque avoit obligé le public.

La guerre qui commença en 1672, lui fournit une infinité d'occasions glorieuses, surtout dans ce grand nombre de siéges que le roi fit en personne, et que M. de Vauban conduisit tous. Ce fut à celui de Maëstricht, en 1673, qu'il commença à se servir d'une méthode singuliere pour l'attaque des places, qu'il avoit imaginée par une longue suite de réflexions, et qu'il a depuis toujours pratiquée. Jusques-là il n'avoit fait que suivre avec plus d'adresse et de conduite des regles déjà établies ; mais alors il en suivit d'inconnues, et fit changer de face à cette importante partie de la guerre. Les fameuses paralleles et les places d'armes parurent au jour ; depuis ce temps, il a toujours inventé sur ce sujet, tantôt les cavaliers de tranchée, tantôt un nouvel usage des sapes et des demi-sapes, tantôt les batteries en ricochet, et par là il avoit porté son art à une telle perfection, que le plus souvent, ce qu'on n'auroit jamais osé espérer, devant les places les mieux défendues, il ne perdoit pas plus de monde que les assiégés.

C'étoit là son but principal, la conservation des hommes. Non seulement l'intérêt de la guerre, mais aussi son humanité naturelle les lui rendoit chers. Il leur sacrifioit toujours l'éclat d'une conquête plus prompte, et une gloire assez capable de séduire ; et, ce qui est encore plus difficile, quelquefois il résistoit en leur faveur à l'impatience des généraux, et s'exposoit aux redoutables discours du courtisan oisif. Aussi les soldats lui obéissoient-ils avec un entier dévouement, moins animés encore par l'extrême confiance qu'ils avoient à sa capacité, que par la certitude et la reconnoissance d'être ménagés autant qu'il étoit possible.

Pendant toute la guerre que la paix de Nimegue termina, sa vie fut une action continuelle, et très-vive ; former des dessins de sièges, conduire tous ceux qui furent fait, du moins dès qu'ils étoient de quelque importance ; réparer les places qu'il avoit prises, et les rendre plus fortes, visiter toutes les frontieres, fortifier tout ce qui pouvoit être exposé aux ennemis, se transporter dans toutes les armées, et souvent d'une extrémité du royaume à l'autre.

Il fut fait brigadier d'infanterie en 1664, maréchal de camp en 1676, et en 1678, commissaire général des fortifications de France, charge qui vaquoit par la mort de M. le chevalier de Clerville. Il se défendit d'abord de l'accepter, il en craignoit, ce qui l'auroit fait désirer à tout autre, les grandes relations qu'elle lui donnoit avec le ministere. Cependant le roi l'obligea d'autorité à prendre la charge, et il faut avouer que, malgré toute sa droiture, il n'eut pas lieu de s'en repentir. La vertu ne laisse pas de réussir quelquefois, mais ce n'est qu'à force de tems et de preuves redoublées.

La paix de Nimegue lui ôta le pénible emploi de prendre des places ; mais elle lui en donna un plus grand nombre à fortifier. Il fit le fameux port de Dunkerque, son chef-d'œuvre, et celui de son art. Strasbourg et Casal, qui passerent en 1681 sous le pouvoir du roi, furent ensuite ses travaux les plus considérables. Outre les grandes et magnifiques fortifications de Strasbourg, il y fit faire pour la navigation de la Bruche, des écluses dont l'exécution étoit si difficile, qu'il n'osa la confier à personne, et la dirigea toujours par lui-même.

La guerre recommença en 1683, et lui valut, l'année suivante, la gloire de prendre Luxembourg, qu'on avoit cru jusque-là imprenable, et de le prendre avec fort peu de perte. Mais la guerre naissante ayant été étouffée par la trève de 1684, il reprit ses fonctions de paix, dont les plus brillantes furent l'aqueduc de Maintenon, de nouveaux travaux qui perfectionnent le canal de la communication des mers, Mont-royal et Landau.

Il semble qu'il auroit dû trahir les secrets de son art par la grande quantité d'ouvrages qui sont sortis de ses mains. Aussi a-t-il paru des livres dont le titre promettoit la véritable maniere de fortifier selon M. de Vauban ; mais il a toujours dit, et il a fait voir par sa pratique, qu'il n'avoit point de manière. Chaque place différente lui en fournissoit une nouvelle, selon les différentes circonstances de sa grandeur, de sa situation, de son terrain. Les plus difficiles de tous les arts sont ceux dont les objets sont changeans, qui ne permettent point aux esprits bornés l'application commode de certaines règles fixes, et qui demandent à chaque moment les ressources naturelles et imprévues d'un génie heureux.

En 1688, la guerre s'étant rallumée, il fit sous les ordres de monseigneur les siéges de Philisbourg, de Manheim et de Frankendal. Ce grand prince fut si content de ses services, qu'il lui donna quatre pieces de canon à son choix pour mettre en son château de Bazoche ; récompense vraiment militaire, privilège unique, et qui plus que tout autre convenoit au père de tant de places fortes. La même année il fut fait lieutenant-général.

L'année suivante il commanda à Dunkerque, Bergues et Ypres, avec ordre de s'enfermer dans celle de ses places qui seroit assiégée ; mais son nom les en préserva.

L'année 1690 fut singuliere entre toutes celles

de sa vie ; il n'y fit presque rien, parce qu'il avoit
pris une grande et dangereuse maladie à faire
travailler aux fortifications d'Ypres, qui étoient
fort en désordre, et à être toujours présent sur les
travaux. Mais cette oisiveté qu'il se seroit presque reprochée, finit en 1691 par la prise de Mons
dont le roi commanda le siége en personne. Il commanda aussi l'année d'après celui de Namur, et M.
de Vauban le conduisit de sorte, qu'il prit la place
en trente jours de tranchée ouverte, et n'y perdit
que huit cents hommes, quoiqu'il s'y fût fait cinq
actions de vigueur très-considérables.

Il faut passer par-dessus un grand nombre d'autres exploits, tels que le siége de Charleroi en 93
la défense de la Basse-Bretagne contre les descentes
des ennemis en 94 et 95, le siège d'Ath en 97, et
nous hâter de venir à ce qui touche de plus près
cette académie. Lorsqu'elle se renouvela en 99,
elle demanda au roi M. de Vauban pour être un de
ses honoraires ; et si la bienséance nous permet de
dire qu'une place dans cette compagnie soit la récompense du mérite, après toutes celles qu'il avoit
reçues du roi, en qualité d'homme de guerre,
il falloit qu'il en reçût une d'une société de gens
de lettres, en qualité de mathématicien. Personne n'avait mieux que lui rappellé du ciel les
mathématiques, pour les occuper aux besoins des
hommes, et elles avoient pris entre ses mains une
utilité aussi glorieuse peut-être que leur plusgrande
sublimité. De plus l'académie lui devoit une re-

connoissance particuliere de l'estime qu'il avoit toujours eue pour elle ; les avantages solides que le
public peut tirer de cet établissement, avoient
touché l'endroit le plus sensible de son âme.

Comme après la paix de Riswic il ne fut plus
employé qu'à visiter les frontieres, à faire le tour
du royaume, et à former de nouveaux projets, il
eut besoin d'avoir encore quelque autre occupa-
tion, et il se la donna selon son cœur. Il commença à mettre par écrit un prodigieux nombre
d'idées qu'il avoit sur différens sujets qui regar-
doient le bien de l'état, non-seulement sur ceux
qui lui étoient les plus familiers, tels que les fortifications, le détail des places, la discipline militaire, les campemens, mais encore sur une infinité
d'autres matieres qu'on auroit crues plus éloignées
de son usage ; sur la marine, sur la course par
mer en tems de guerre, sur les finances même,
sur la culture des forêts, sur le commerce et sur les
colonies françoises en Amérique. Une grande passion songe à tout. De toutes ces différentes vues
il a composé douze gros volumes manuscrits, qu'il
a intitulés ses *oisivetés*. S'il étoit possible que les
idées qu'il y propose s'exécutassent, ses oisivetés
seroient plus utiles que tous ses travaux.

La succession d'Espagne ayant fait renaître la
guerre, il étoit à Namur au commencement de
l'année 1703, et il y donnoit ordre à des répara-
tions nécessaires, lorsqu'il apprit que le roi l'avoit
honoré du bâton de maréchal de France. Il s'é-

toit opposé lui-même quelque tems auparavant à cette suprême élévation, que le roi lui avoit annoncée ; il avoit représenté qu'elle empêcheroit qu'on ne l'employât avec des généraux du même rang, et feroit naître des embarras contraires au bien du service. Il aimoit mieux être plus utile, et moins récompensé ; et pour suivre son goût, il n'auroit fallu payer ses premiers travaux que par d'autres encore plus nécessaires.

Vers la fin de la même année il servit sous monseigneur le duc de Bourgogne au siège du Vieux-Brisac, place très considérable, qui fut réduite à capituler au bout de treize jours et demi de tranchée ouverte, et qui ne coûta pas trois cents hommes. C'est par ce siège qu'il a fini, et il y fit voir tout ce que pouvoit son art, comme s'il eût voulu le résigner alors tout entier entre les mains du prince qu'il avoit pour spectateur et pour chef.

Le titre de maréchal de France produisit les inconvéniens qu'il avoit prévus ; il demeura deux ans inutile. Je l'ai entendu souvent s'en plaindre ; il protestoit que pour l'intérêt du roi et de l'état il auroit foulé aux pieds la dignité avec joie. Il l'auroit fait, et jamais il ne l'eût si bien mérité, jamais même il n'en eût si bien soutenu le véritable éclat.

Il se consolait avec ses savantes oisivetés. Il n'épargnoit aucune dépense pour amasser la quantité infinie d'instructions et de mémoires dont il avoit besoin, et il occupoit sans cesse un grand nombre de secrétaires, de dessinateurs, de calculateurs et de copistes. Il donna au roi en 1704 un gros manuscrit, qui contenoit tout ce qu'il y a de plus fin et de plus secret dans la conduite de l'attaque des places ; présent le plus noble qu'un sujet puisse jamais faire à son maître, et que le maître ne pouvoit recevoir que de ce seul sujet.

En 1706, après la bataille de Ramilli, M. le maréchal de Vauban fut envoyé pour commander à Dunkerque, et sur la côte de Flandre. Il rassura par sa présence les esprits étonnés ; il empêcha la perte d'un pays qu'on vouloit noyer pour prévenir le siège de Dunkerque, et le prévint d'ailleurs par un camp retranché qu'il fit entre cette ville et Bergues ; de sorte que les ennemis eussent été obligés de faire en même tems l'investiture de Dunkerque, de Bergues et de ce camp, ce qui étoit absolument impraticable.

Dans cette même campagne, plusieurs de nos places ne s'étant pas défendues comme il auroit souhaité, il voulut défendre par ses conseils toutes celles qui seroient attaquées à l'avenir, et commença sur cette matiere un ouvrage qu'il destinoit au roi, et qu'il n'a pu finir entièrement. Il mourut le 30 mars 1707, d'une fluxion de poitrine, accompagnée d'une grosse fièvre qui l'emporta en huit jours, quoiqu'il fût d'un tempérament très robuste, et qui sembloit lui promettre encore plusieurs années de vie. Il avoit soixante et quatorze ans moins un mois.

Il avoit épousé Jeanne d'Aunoi, de la famille des barons d'Espiri en Nivernois, morte avant lui. Il en a laissé deux filles, Madame la comtesse de Villebretin, et Madame la marquise d'Ussé.

Si l'on veut voir toute sa vie militaire en abrégé, il a fait travailler à trois cents places anciennes, et en a fait trente-trois neuves; il a conduit cinquante-trois siéges, dont trente ont été faits sous les ordres du roi en personne, ou de monseigneur le duc de Bourgogne, et les vingt-trois autres sous différens généraux; il s'est trouvé à cent quarante actions de vigueur.

Jamais les traits de la simple nature n'ont été mieux marqués qu'en lui, ni plus exempts de tout mélange étranger. Un sens droit et étendu, qui s'attachoit au vrai par une espèce de sympathie et sentoit le faux sans le discuter, lui épargnoit les longs circuits par où les autres marchent; et d'ailleurs sa vertu étoit en quelque sorte un instinct heureux, si prompt qu'il prévenoit sa raison. Il méprisoit cette politesse superficielle dont le monde se contente, et qui couvre souvent tant de babarie; mais sa bonté, son humanité, sa libéralité, lui composoient une autre politesse plus rare, qui étoit toute dans son cœur. Il séyoit bien à tant de vertus de négliger des dehors, qui, à la vérité, lui appartiennent naturellement, mais que le vice emprunte avec trop de facilité. Souvent M. le maréchal de Vauban a secouru de sommes assez considérables des officiers qui n'étoient pas en état de soutenir le service ; et quand on venoit à le savoir, il disoit qu'il prétendoit leur restituer ce qu'il recevoit de trop des bienfaits du roi. Il en a été comblé pendant tout le cours d'une longue vie, et il a eu la gloire de ne laisser en mourant qu'une fortune médiocre. Il étoit passionnément attaché au roi, sujet plein d'une fidélité ardente et zélée, et nullement courtisan ; il auroit infiniment mieux aimé servir que plaire. Personne n'a été si souvent que lui, ni avec tant de courage, l'introducteur de la vérité ; il avoit pour elle une passion presque imprudente, et incapable de ménagement. Ses mœurs ont tenu bon contre les dignités les plus brillantes, et n'ont pas même combattu. En un mot, c'étoit un Romain qu'il sembloit que notre siècle eût dérobé aux plus heureux temps de la république.

DE FONTENELLE.

L'IMPORTANCE

DONT

PARIS EST À LA FRANCE;

Et le soin que l'on doit prendre de sa conservation.

Sı le Prince est à l'état ce que la tête est au corps humain* (chose dont on ne peut pas douter), on peut dire que la ville capitale de cet état, lui est ce que le cœur est à ce même corps: or le cœur est considéré comme le premier vivant et le dernier mourant ; le principe de la vie, la source et le siége de la chaleur naturelle, qui de là se répand dans toutes les autres parties du corps qu'elle anime et soutient jusqu'à ce qu'il ait totalement cessé de vivre.

Il me semble que cette comparaison se peut très-bien appliquer au sujet dont nous voulons trai-

------

* Ce n'est point un paradoxe, mais un axiome incontestable de dire que le Prince est, ou doit être à l'état, ce que la tête est au corps humain.—Vauban.

ter, vu qu'il n'y a point de villes dans le monde avec qui elle ait plus de rapport qu'à Paris, capitale du Royaume de France, la demeure ordinaire de nos Rois, et de toute la maison Royale, des Princes du sang, des Ministres, Ducs, Pairs, Maréchaux de France, et autres grands officiers de la couronne ; des Ambassadeurs des Rois, et principales têtes couronnées de la chrétienté ; c'est le siége d'un célèbre Archevêché et d'un clergé très considérable dans lequel sont comprises plusieurs grosses et riches Abbayes, celui de la principale cour de Parlement du Royaume, et d'une très grande quantité d'autres jurisdictions ; le rendez-vous de toute la noblesse ; des gens de guerre et de savoir de toutes especes, même des étrangers qui se rendent en foule de toutes parts et de tous pays.

C'est le vrai cœur du Royaume ; la mère commune des Français et l'abrégé de la France par qui tous les peuples de ce grand état subsistent, et de qui le Royaume ne sauroit se passer sans déchoir considérablement de sa grandeur.

Elle est très bien située tant à l'égard de la santé, du commerce et des commodités de la vie, que des affaires générales et particulieres ; peuplée d'une très grosse bourgeoisie, et d'une infinité d'artisans de toutes espèces, parmi lesquels se trouvent les plus habiles ouvriers du monde en toutes sortes d'arts et de manufactures.

Elle est d'ailleurs très-marchande à raison du changement perpétuel des modes, des grandes consommations qui s'y font, et du nombre infini de gens de qualité qui la remplissent.

* Comme elle est fort riche son peuple encore plus nombreux, naturellement bon et affectionné à ses Rois ; il est à présumer que tant qu'elle subsistera dans la splendeur où elle est qu'il n'arrivera rien de si fâcheux au Royaume dont il ne se puisse relever par les puissans secours qu'elle pût lui donner.—Considération très juste, et qui fait que l'on ne peut trop avoir d'égards pour elle, ni trop prendre de précautions pour la conserver d'autant plus que si l'ennemi avoit forcé nos frontieres, battu et dissipé nos armées et enfin pénétré le dedans du Royaume, ce qui est très difficile je l'avoue, mais non pas impossible ; il ne faut pas douter qu'il ne fît tous les efforts pour se rendre maître de cette capitale, ou du moins la ruiner de fond en com-

---

* Paris contient en soi soul, plus de moitié des richesses du Royaume.—VAUBAN.

ble ; ce qui seroit peut être moins difficile présentement (que partie de sa clôture est rompue et ses fossés comblés) qu'il n'a jamais été joint, que l'usage des bombes s'est rendu si familier et si terrible dans ces derniers tems que l'on peut le considérer comme un moyen très sûr pour la réduire à tout ce que l'ennemi voudra avec une armée assez médiocre, toutes les fois qu'il ne sera question que de se mettre à portée de la bombarder*. Or il est très visible que ce malheur seroit l'un des plus grands qui peut jamais arriver à ce Royaume, et que quelque chose que l'on pût faire pour le rétablir, il ne s'en releveroit de long tems, et peut-être jamais.†

C'est pourquoi il seroit à mon avis de la prudence du Roi d'y pourvoir de bonne heure, et de prendre les précautions qui pourroient la mettre à couvert d'une si épouvantable chûte.

J'avoue que le zèle de la patrie, et la forte incli-

---

* Il n'y a point de ville en Europe ni peut-être dans le monde où l'effet des bombes soit plus à craindre qu'à Paris, toutes les fois que l'ennemi se pourra mettre à portée d'y en jeter.—Vauban.

† On n'a jamais guère vu la perte d'une ville capitale d'un état qu'elle n'ait été suivie de celle du dit état.—*Id.*

nation que j'ai eue toute ma vie pour le service du Roi, et le bien de l'état, m'y a fait souvent songer; mais il ne m'a point paru de jour propre à faire de pareilles ouvertures par le grand nombre d'ouvrages plus pressés qui ont occupé le Roi tant sur la frontière qui a toujours remuée depuis 22 ans en çà, que par les bâtimens royaux qu'il a fait faire, et par le peu de disposition où il m'a paru que l'esprit de son conseil étoit pour une entreprise de cette nature, qui sans doute, auroit semblé à plusieurs, contraire au repos de l'état, et à tous d'une très longue et difficile exécution, quoique le Roi ait entrepris et fait des choses qui la surpassent très considérablement; joint que la prospérité de la France depuis vingt-cinq à trente ans avoit si fort éloigné toutes les réflexions qui auroient pu donner des vues de ce côté là, qu'il n'y avoit nulle apparance de croire qu'une telle proposition dût être écoutée: cependant cette pensée qui dans le commencement ne m'a passé que fort légèrement dans l'esprit, s'y est présentée si souvent qu'à la fin elle y a fait impression, et m'a paru digne d'une très sérieuse attention; mais n'osant la proposer à cause de sa nouveauté j'ai cru du moins la devoir écrire espérant qu'il se trouvera un jour quelque

personne autorisée, qui lisant ce mémoire, y pourra
faire réflexion ; et que, poussé par la tendresse naturelle, que tout homme de bien doit avoir pour sa
patrie, il en parlera, et peut être en proposera-t-il
l'exécution, qui bien que difficile et de grande dépense ne seroit nullement impossible étant bien
conduite.

Après y avoir donc bien pensé, et cherché
tous les moyens à tenir pour pouvoir mettre cette
grande ville dans une sûreté parfaite contre tous
les accidens de guerre qui pourroient la menacer ;
je n'ai trouvé que l'expédient qui suit, de bien raisonnable : il est simple et fort cher à la vérité, mais
très assuré, ainsi qu'on le verra ci-après ; sur quoi
il est à remarquer : Premierement que je n'ai nul
égard aux surprises ni aux intelligences particulieres, cette ville étant trop peuplée pour que l'on
puisse rien entreprendre contre elle sans faire de
gros mouvemens de troupes qui découvriroient
tout, joint que ce que j'ai à proposer, est directe-
ment opposé à toutes les mauvaises subtilités que
l'on pourroit mettre en pratique à cet égard ; et
secondement, que je ne prétends mettre en avant
que ce qui est nécessaire contre la bombarderie,
les siéges réglés, et les blocus, qui sont les seuls

moyens qui paroissent capables de la pouvoir réduire. Venons au fait.

I.

Réparer les défectuosités de ce qui reste de
sa vieille enceinte, et achever sa réforme telle
qu'elle a été réglée en dernier lieu, revêtir ce qui
ne l'est pas encore, et élever tout son revêtement
de 36 à 40 pieds au dessus du fond de fossé, la faire
flanquer simplement par les vieux bastions et
grosses tours, telles qu'elles se trouveront sur pied,
sinon en faire de nouvelles aux endroits où il en
manquera, et les espacer de six vingt toises l'une
de l'autre.

II.

Bien et proprement terrasser la dite enceinte ;
la rendre capable de porter un parapet à épreuve
du canon, et environner le tout d'un fossé de dix
à douze toises de large, profond de dix-huit à
vingt pieds réduits avec ses bords revêtu s'il
est possible : plus la prolonger de part et d'autre
en travers de la Seine au-dessus et au-dessous de
Paris, y bâtissant autant d'arches qu'il en sera
nécessaire au passage des eaux, faire des ponts
sur le derriere, et des bâtimens sur le devant de

ses mêmes arches, pour y mettre à couvert les herses avec les tours servant à leur levée ; observant du surplus de raser tous les bâtimens des faubourgs qui approcheront plus près de vingt à trente toises de cette enceinte.

Au lieu des portes d'à présent qui ne ferment point, ou qui le font très mal, y en faire de nouvelles à deux ou trois fermetures, non compris les argues. Plus des corps-de-gardes haut et bas, grands et spacieux, et des ponts dormans coupés de pont-levis avec des barrieres à la tête.

IV.

Cette premiere enceinte étant mise en sa perfection, en faire une seconde à la très grande portée du canon de la premiere, c'est à dire, à mille ou douze cents toises de distance, occupant toutes les hauteurs convenables, ou qui peuvent avoir commandement sur la ville comme celle de Belleville, de Montmartre, Chaillot, faubourg St. Jacques, St. Victor, et toutes les autres qui pourroient lui convenir.

V.

Bastionner la dite enceinte, ou l'armer de

tours bastionnées, la très bien revêtir et terrasser, et lui faire un fossé de dix-huit à vingt
pieds de profondeur sur dix à douze toises
de largeur revêtu de maçonnerie.

VI.

Faire toutes les portes nécessaires par rapport à celles de la ville, avec leurs corps-de-
gardes, devant lesquelles portes il faudroit faire
des demi-lunes aussi revêtues de même que partout ailleurs où il en seroit besoin, les environ-
nant de fossés approfondis et revêtus comme
ceux de la place.

VII.

Faire aussi des contregardes à l'entour des
tours bastionnées, si on les préfere aux bastions,
comme les figurés ci-après revêtues jusqu'à
la hauteur du parapet du chemin couvert, et le surplus de leur élévation de terre gasonnée ou
plaquée, observant toutes les façons nécessaires
à ces remparts et chemins couverts, et de donner à ces derniers au moins six toises de large
en considération des assemblées qui s'y feront

pour les sorties. On pourroit après planter tout le terre plain et les taluts des remparts, d'ormes et autres bois particulierement destinés aux besoins de cette fortification, sans jamais permettre qu'il en fût coupé pour autre usage que pour le canon, les palissades et fascines.

VIII.

Prolonger la dite enceinte et la continuer en travers de la riviere comme la premiere, afin d'éviter le défaut par lequel Cyrus prit Babilonne.

IX.

Et parce qu'une ville de la grandeur de Paris, fortifiée de cette façon, pourroit devenir formidable, même à son maître s'il n'y étoit pourvu. Faire deux citadelles à cinq bastions chacune dans la deuxieme enceinte ; savoir l'une sur le bord de la Seine au-dessus de la ville, et l'autre au-dessous dans l'endroit le plus propre ; l'une tenant un bord de la rivière d'un côté, et l'autre de l'autre, toutes deux très-bien revêtues, et accompagnées de tous les dehors convenables, comme aussi de tous les magasins, arcenaux, souterrains et autres bâtimens nécessaires; on pourroit même ajouter encore un réduit ou deux dans les endroits de la même enceinte les plus éloignés des citadelles s'il en étoit besoin : ces places bâties à profit et splendidement sans rien épargner qui pût faire tort à leur solidité, par les suites bien garnies de canon, d'une douzaine ou deux de mortiers chacune, et de quatorze ou quinze mille bombes avec toutes les poudres et munitions nécessaires; il ne faudroit pas craindre que Paris se portât jamais à rien qui pût blesser son devoir.

X.

Mais comme ce ne seroit pas suffisamment pourvoir à la sûreté de cette grande ville que d'y faire beaucoup de fortifications sans la garnir en même temps des munitions de guerre et de bouche nécessaire, il y faudroit bâtir des magasins à poudre capables d'en contenir au moins dix-huit cents miliers ou deux millions ; des arcenaux pour toutes les autres sortes de munitions de guerre nécessaires, et des caves et magasins à bled en suffisante quantité; ces derniers pour pouvoir contenir deux millions et plus de septiers de bled, des légumes et des avoines à proportion ; ce qui se pourroit facilement faire peu à peu en prenant le temps que les bleds sont à bon marché.

XI.

Ces précautions seroient d'autant plus utiles que dans les cheres années, le peuple à qui l'on pourroit vendre de ces grains à un prix modique s'en trouveroit soulagé, et qu'aux environs de Paris à quarante lieues à la ronde, et le long des rivières navigables, les bleds s'y vendroient toujours à un prix raisonnable dans le temps que la grande abondance les fait donner à vil prix, à cause des remplacemens à faire dans les magasins ; ainsi les fermiers seroient mieux en état de payer leurs maîtres qui perdroient moins sur leurs fermes, et le pauvre peuple seroit toujours soulagé dans ses misères : J'ai dit deux millions de septiers de bled et plus, parce que je suppose que, dans un temps de siége, la bourgeoisie de Paris jointe à ceux qui s'y refugieroient des environs, et aux troupes renfermes entre la première et seconde enceinte, pour roient bien faire le nombre de sept à huit cents mille âmes, auquel cas il leur faudroit pour une année, aux environs de deux millions cent mille septiers de bled, parce que chaque personne en consommeroit près de trois septiers par an pour sa nourriture ; outre cette quantité dont il est bon d'être assuré, on pourroit faire publier par une ordonnance que quiconque voudroit se réfugier à Paris, eût à y apporter une certaine quantité de grains et d'avoines, et toutes les autres vituailles qui pourroient tomber sous la main. Y faire amas de tous les bœufs, moutons, chaires fraîches et sallées, volailles, fromages, légumes de toutes sortes, &c. qui se pourront trouver.

XII.

Faire garnir les ports de tous les bois de moules que l'on y pourroit faire descendre, ce qui seroit fort aisé, et y amasser beaucoup d'avoine et de foin pour la cavalerie, paille, hachée et non hachée. Plus quantité de vin, d'eau-de-vie, d'orge et houblon pour faire de la bierre ; du sel en quantité suffisante pour l'usage ordinaire, et pour les salaisons, et généralement pour tout ce que l'on pourroit avoir besoin, et imaginer capable de pouvoir faire subsister cette grande multitude un an durant; et surtout avertir de bonne heure les chefs de familles et gens aisés de se fournir de moulins à bras, de fours de bleds, et de gouverner sagement leurs provisions pendant un siége, ne les consommant que très à propos.

XIII.

Cela une fois établi et la place munie de dix-huit cents à deux millions de poudre, quatre cents pièces de canon, de soixante à quatre-vingt mille mousquets et fusils dans les magasins, et d'autres armes à proportion, contre celles que les particuliers auroient chez eux ; si dans un temps que toute la terre seroit liguée contre vous, il arrivoit que la frontière fût forcée et la ville en péril d'être assiégée, quelque malheur qui pût arriver à nos armées, et au surplus au Royaume ; il est probable qu'elle ne seroit jamais tellement défaite que le Roi ne fût toujours en état de retirer vingt-cinq à trente mille hommes dans l'entre deux des enceintes auxquels Paris en pourroit joindre huit à dix mille d'assez bonnes levées dans l'enclos de ses murailles, sans toucher à la garde ordinaire des bourgeois qui ne laisseroit pas d'aller son train ; moyennant quoi, j'estime qu'il n'y a point dans la chrétienté d'armée quelque puissante et formidable qu'elle pût être qui osât entreprendre de bombarder Paris, et encore moins de l'assiéger dans les formes, vu premièrement, qu'il ne leur serait pas possible de l'approcher d'assez prêt pour pouvoir tirer des bombes jusque dans l'enclos de la ville, à cause de la deuxième enceinte qui les tiendrait éloigné à trois grands quarts de lieues de la première ; secondement, qu'il ne seroit pas possible à une armée de deux cents mille hommes de la prendre par un siége forcé à cause de l'étendue de sa circonvallation, qui ayant douze à treize grandes lieues de circuit, l'obligeroit d'étendre fort ses quartiers, qui en seroient par conséquent affoiblis, et à se garder par tout également sous peine d'en voir enlever tous les jours quelqu'un. Troisiemement qu'il ne pourroit entreprendre deux attaques séparées, puisque pour pouvoir fournir à la garde des tranchées, il faudroit employer plus de trente mille hommes sans compter les travailleurs, et gens occupés aux batteries. Quatrièmement, qu'on ne pourroit point le faire par deux attaques liées, attendu que pour pouvoir fournir à la même garde, il y auroit tels quartiers qui auroient trois journées de marche à faire, et autant pour s'en retourner, ce qui les mettroit dans un mouvement perpétuel qui ne leur laisseroit aucun repos. Cinquièmement que dès le douze ou quinzième jour de tranchée, pour peu qu'il y eut eu d'occasions, leurs forces seroient considérablement diminuées, et leurs troupes obligées de monter de trois à quatre jours l'un, auquel cas elles ne pourroient pas relever à cause de l'éloignement des quartiers, à quoi il faut ajouter que les fréquentes sorties grandes et petites qui se feroient à toute heure par de si grandes troupes, le grand feu qui sortiroit des remparts et chemins couverts, et la grande quantité de canon dont elle pourroit se servir empêcheroit les travailleurs de faire chemin et réduiroit ce siége à une lenteur qui, ayant bientôt épuisé leurs armées d'hommes et de munitions, les contraindroit à lever honteusement le siége.

XIV.

De la prendre par famine, il ne sera pas possible non plus, vu que si la ville étoit pourvue, comme nous venons de dire, elle auroit des vivres pour un an et plus, moyennant quoi il n'y a point d'armée qui pût subsister si long-tems devant Paris, parce qu'il est à présumer que la plupart des vivres qui se trouveroient à quinze lieues à la ronde, aussi bien que les habitans auroient été retiré dans la ville. Je dis même que les armées qu'il y faudroit pour y pouvoir simplement former un blocus, n'y pourroient pas subsister ce tems là. Or, du moment qu'elles ne pourroient plus tenir la campagne, les assiégés seroient en état de s'y mettre, et de les aller chercher dans leurs quartiers, qui étant séparés et nécessairement éloignés les uns des autres ne pourroient pas s'y maintenir. Que si pour éviter ces inconvéniens, l'ennemi s'éloignoit encore davantage, le pays s'ouvriroit, et pour lors à moins que tout ne fût saccagé et les peuples exterminés, les moins éloignés ne manqueroient pas d'y apporter ce qu'ils pourroient par l'espérance du gain ; ainsi Paris se soutiendroit facilement et sauveroit le Royaume, puisqu'il est bien sûr que tous les principaux habitans des moindres villes et de la campagne à plus de cinquante lieues à la ronde y refugieroient ce qu'ils auroient de meilleur, et loin d'être réduite au pouvoir de l'ennemi ; elle donneroit moyen au Roi de remporter de notables avantages sur lui, et au pis aller de se tirer d'affaire par quelque traité qui pourroit même lui devenir avantageux à raison de l'impossibilité que les ennemis verroient de la pouvoir forcer, et du mauvais état où de telles entreprises auroient réduit leurs armées.

XV.

Au reste, bien que le temps qu'il faudroit employer à toute cette fortification, et la dépense nécessaire à sa construction paroisse d'abord très considérable, cela n'iroit pas si loin que l'on pourroit bien penser, et j'estime, qu'en se servant un peu du travail des troupes, on pourroit venir à bout de bâtir les deux enceintes avec les citadelles, et tous les bâtimens intérieurs et extérieurs qui leur pourroient convenir en douze années de temps bien employées ; et que pour la dépense vingt-quatre millions pourroient suffire abondamment en bâtissant noblement et avec toute la solidité requise à de tels ouvrages. Or, je ne fais pas grand cas d'une telle dépense, parce que l'argent ne feroit que circuler et revenir toujours au même point d'où il seroit parti sans qu'il sortît une pistolle du Royaume, n'étant pas ici question d'aucun ouvrier ni de matériaux étrangers, bien au contraire, le moilon, la pierre de taille, et de quoi faire la chaux se trouvent presque partout, avec toute l'aisance possible.

En voilà assez pour faire concevoir l'idée qu'on doit avoir de la grandeur et conséquence de Paris par rapport à la guerre. C'est à ceux qui aimeront véritablement le Roi et l'état, et qui se trouveront en situation convenable pour le pouvoir proposer, d'examiner à fond cette proposition ; et si après l'avoir bien examinée, on la trouve digne d'une sérieuse attention, de lui donner toute l'étendue qu'elle mérite ; après quoi si la résolution suit, il sera facile d'en faire le projet, et ce sera pour lors qu'il en faudra régler tous les dessins généraux et particuliers avec toutes les instructions nécessaires à leur exécution, auxquelles il faudra ajouter l'examen des propriétés de cette ville ; le démembrement de son peuple effectif ; celui à peu près dont il pourroit augmenter en cas de siége, afin de diriger sur telles vues les bâtimens, les magasins et arcenaux qu'il y faudra faire. Ce dessin ne se pourra exécuter que dans une paix profonde, et après avoir réglé et affecté les fonds que le Roi voudra annuellement y dépenser, desquels il ne faudra souffrir aucune distraction pour quelque raison que ce puisse être. Je suis persuadé qu'il y faudra bien employer dix ou douze années de tems pour la pouvoir totalement finir.

Au surplus, je répète encore que la dépense de ces ouvrages n'est pas ce qui en doit rebuter le Roi, puis qu'il n'en sortira pas une pistolle du Royaume, ce sera un argent remué aux environs de Paris qui donnera à vivre à quantité de pauvres gens, et fera que les autres en payeront mieux la taille, parce qu'il s'y fera plus de consommation. Et pour conclusion, cet argent faisant sa circulation un peu plus vite que l'ordinaire, reviendra toujours à son centre beaucoup mieux que de toute autre façon.

Je joins ici deux systèmes de fortification les plus convenables à sa grande enceinte, et le profil commun de son revêtement.

Londres, Imprimé par G. Schulze,
13, Poland Street.

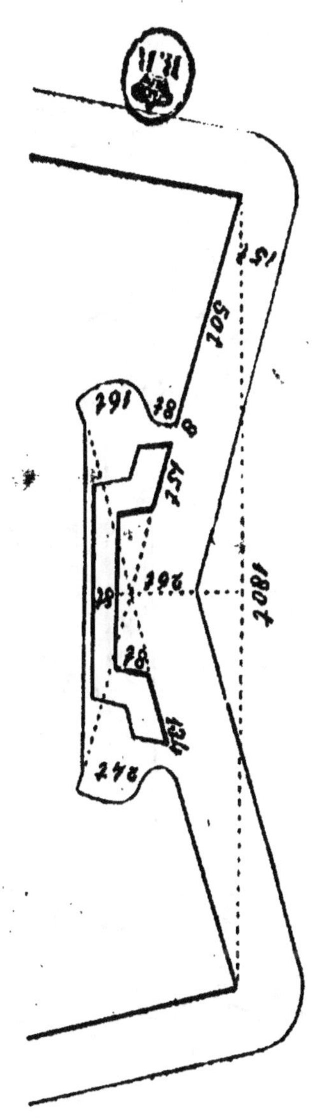

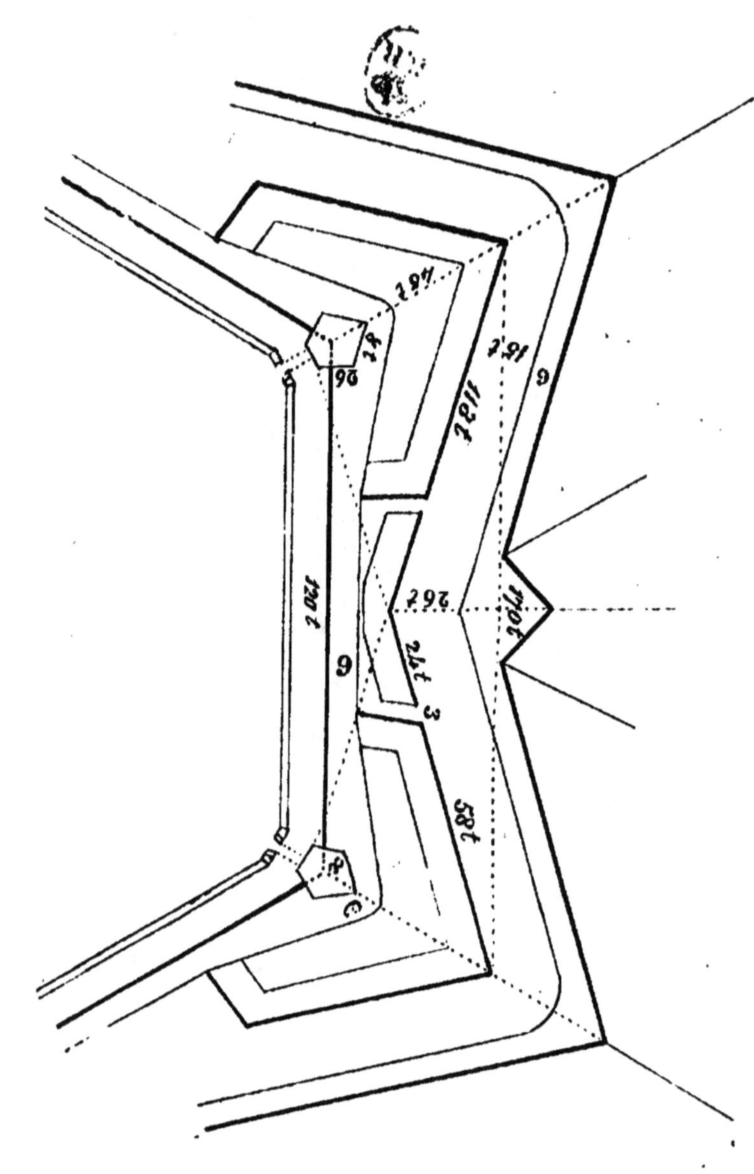

Contraste insuffisant

NF Z 43-120-14